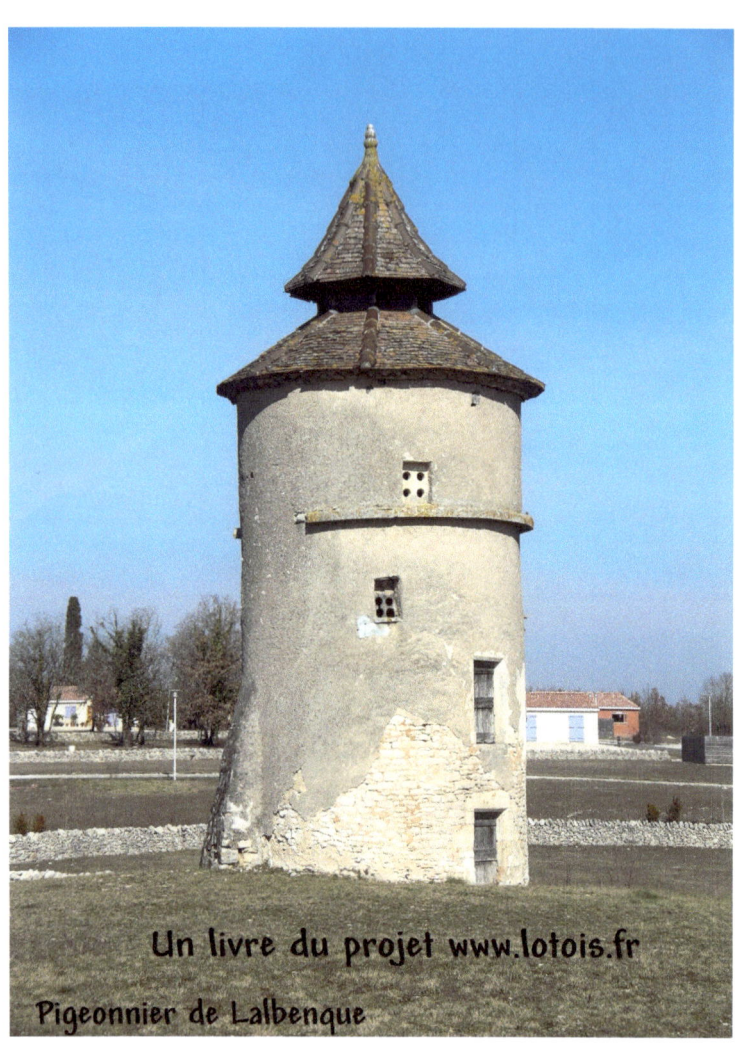

Un livre du projet www.lotois.fr

Pigeonnier de Lalbenque

Limogne-en-Quercy Calvignac
la route des dolmens et gariottes

Du même auteur*

Certaines œuvres sont connues sous différents titres.

Romans

Le Roman de la révolution numérique
Ils ne sont pas intervenus (Peut-être un roman autobiographique)
La Faute à Souchon
Quand les familles sans toit sont entrées dans les maisons fermées
Liberté j'ignorais tant de Toi
Viré, viré, viré, même viré du Rmi !

Théâtre

Neuf femmes et la star
Les secrets de maître Pierre, notaire de campagne
Ça magouille aux assurances
Chanteur, écrivain : même cirque
Deux sœurs et un contrôle fiscal
Amour, sud et chansons
Pourquoi est-il venu :
Aventures d'écrivains régionaux
Avant les élections présidentielles
Scènes de campagne, scènes du Quercy
Blaise Pascal serait webmaster
Trois femmes et un Amour
J'avais 25 ans
« Révélations » sur « les apparitions d'Astaffort » Brel Cabrel

Théâtre pour troupes d'enfants

La fille aux 200 doudous
Les filles en profitent
Révélations sur la disparition du père Noël
Le lion l'autruche et le renard,
Mertilou prépare l'été

* extrait du catalogue, voir page 38

Stéphane Ternoise

Limogne-en-Quercy Calvignac
la route des dolmens et gariottes

Sortie numérique : 12 février 2012

Jean-Luc Petit Editeur - Collection Lot

Stéphane Ternoise versant Lotois :

http://www.lotois.fr

Tout simplement et logiquement !

Tous droits de traduction, de reproduction, d'utilisation, d'interprétation et d'adaptation réservés pour tous pays, pour toutes planètes, pour tous univers.

Site officiel : http://www.ecrivain.pro

© Jean-Luc PETIT - BP 17 - 46800 Montcuq – France

Limogne-en-Quercy Calvignac
la route des dolmens et gariottes

Ces 8 kilomètres de la départementale 143 lotoise, j'en connais désormais chaque virage. La toute première fois, je souhaitais y observer les trois dolmens et les trois gariottes présentés dans un « *Quercy Recherche* » emprunté à la médiathèque de Montcuq. Les indications me permirent de photographier uniquement deux mégalithes (*Pech Grillé* et *Peyre Gagès*) et quelques gariottes supplémentaires. C'est en cherchant des informations sur ce dolmen du *Bos Garnel* (ou *Bos d'Agarnel* retrouvé sous le nom d'*Agranel* ou d'*Agarnel* dans la base des Monuments historiques) que je découvrais l'existence d'autres beaux spécimens : *Mas del Dec* et *Pierre levée*.

Cinq dolmens, des gariottes (le terme cazelles est parfois préféré) et le village de Calvignac : quarante-et-une photos avec des indications précises. L'idéal serait d'effectuer cette découverte en marchant tranquillement…

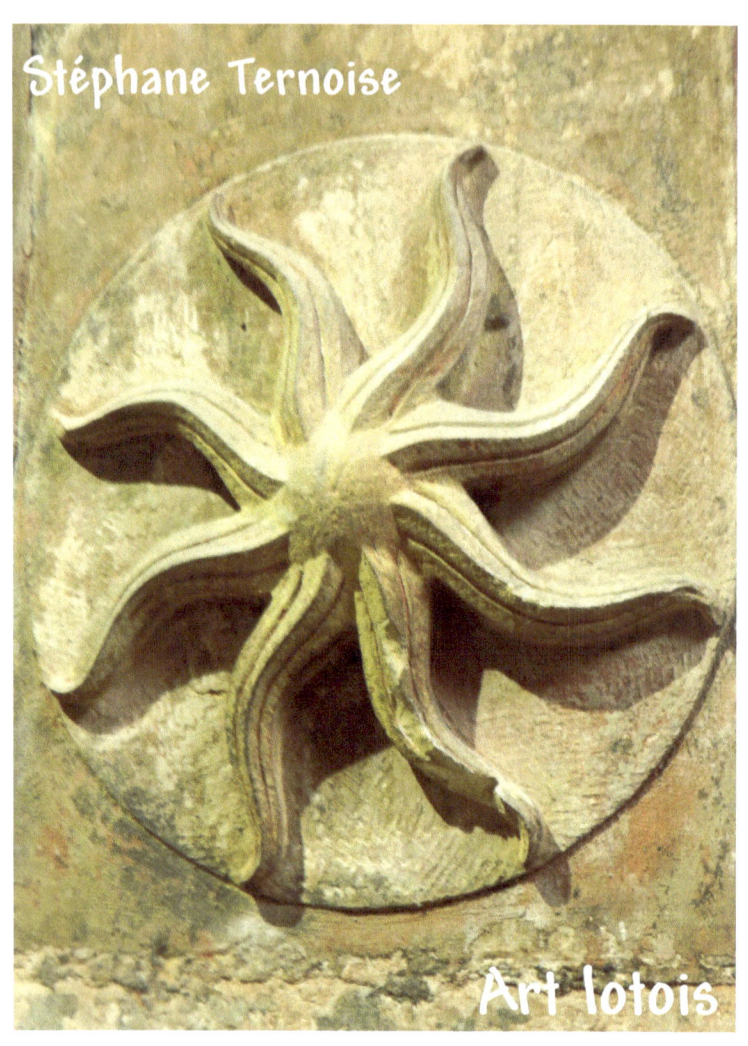

La route

De Limogne, prendre la direction de Cajarc, la D 19 (du centre, suivre Villefranche de Rouergue, à l'opposé de Cahors, et la route du village de Françoise Sagan se situera sur la gauche).
Après environ un kilomètre, prendre à gauche la D 143 : Calvignac.

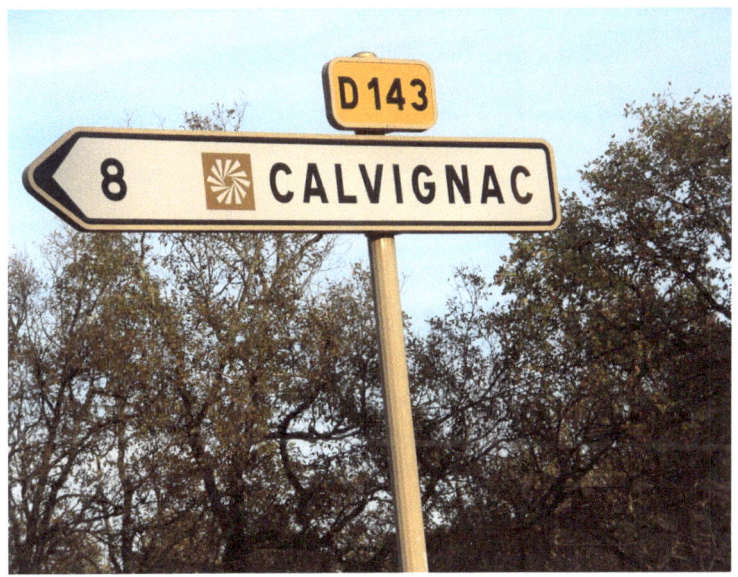

La première gariotte... est double...

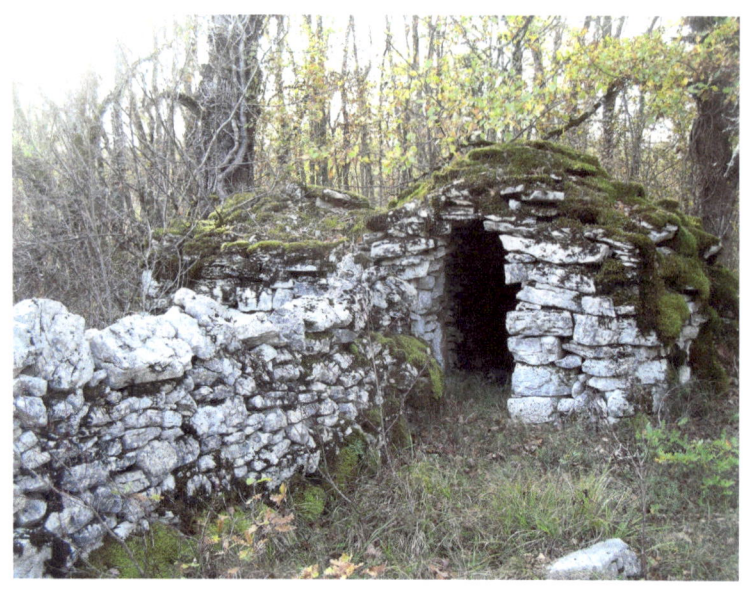

400 mètres plus loin, le premier arrêt... Sur la gauche, une belle gariotte, d'accès aisé... Sauf les géants naturellement mais les hommes locaux y tiennent debout. Mais approchez... Derrière ? Ne serait-ce pas une autre gariotte, accolée ?
Il suffit de longer le muret et des pierres tombées offrent un passage... L'approche nécessitera quelques détours... des ronces...
Mais enfin, la récompense. Les deux constructions ne communiquent pas, la seconde est nettement plus petite.

Et si la pluie se mettait soudainement à tomber, ne courez pas à votre voiture, regardez-la de votre refuge...

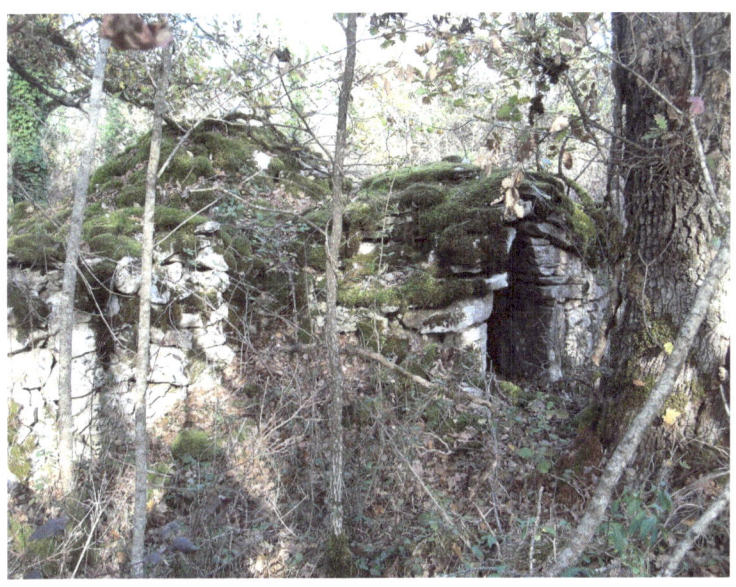

Oui, il s'agit bien de la deuxième... Vous aviez reconnu la mousse ?

Il suffit de marcher un bon cent cinquante mètres sur la route, et derrière le grillage à moutons, toujours sur la gauche, une nouvelle gariotte, plus frêle, plus petite, au toit percé :

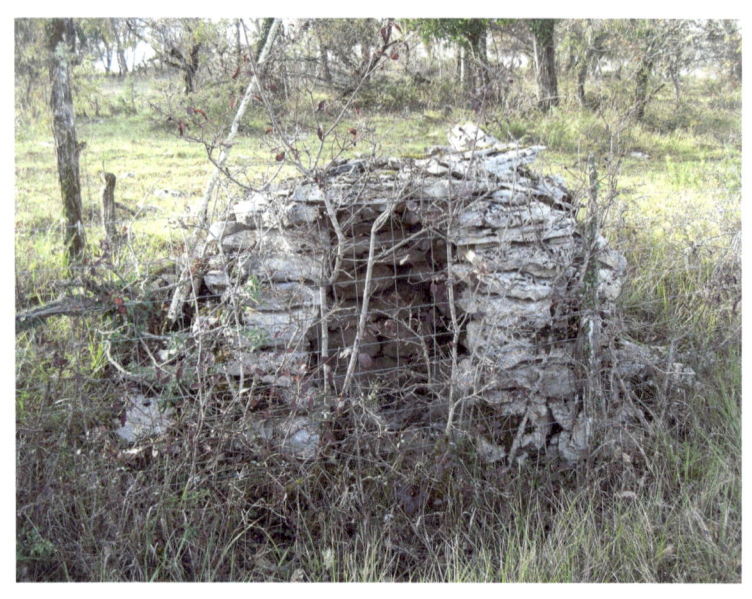

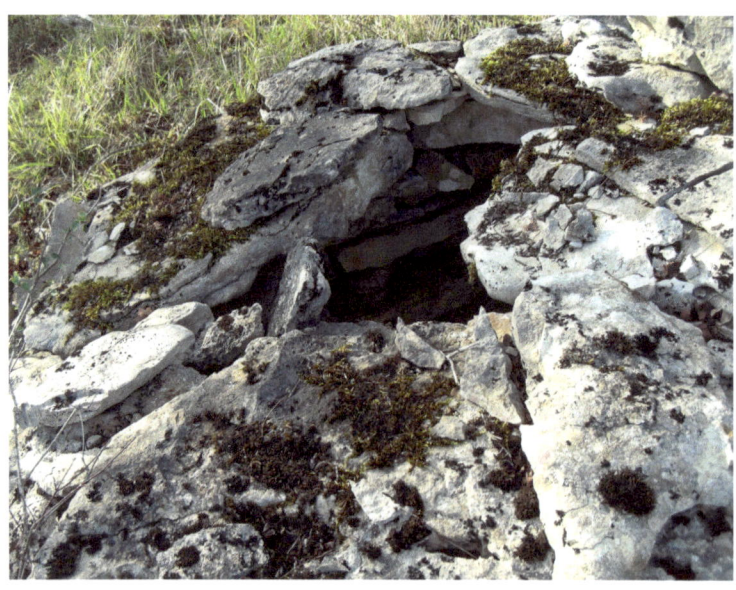

Encore la même distance… et toujours derrière le grillage :

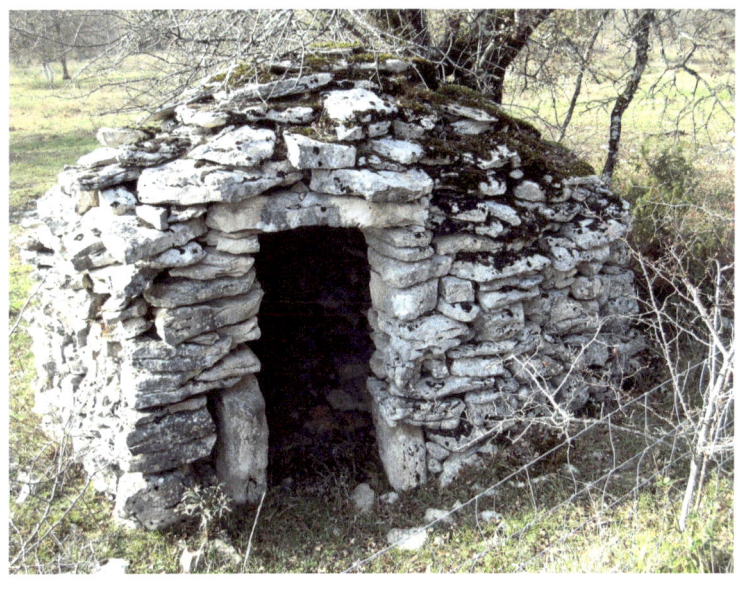

Un peu plus loin…
Au bord de la route, où aucun grillage ne fut posé, donc facilement accessible :

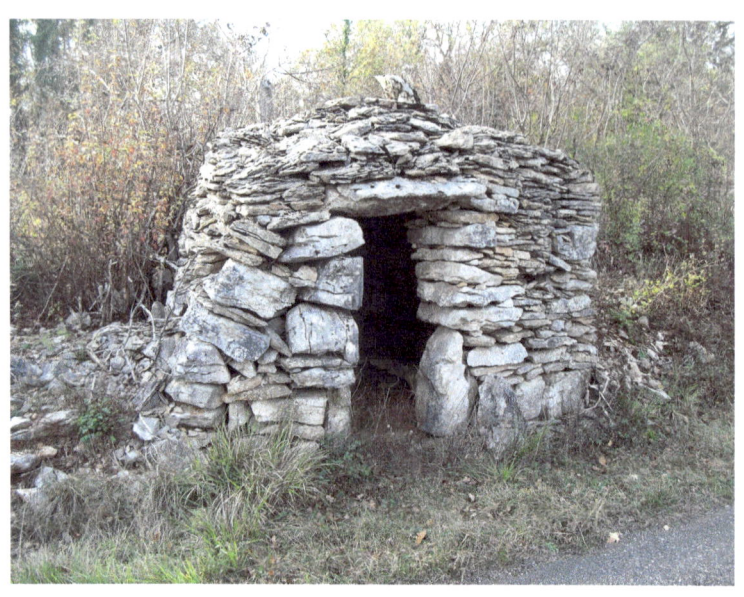

Un intérieur très vaste

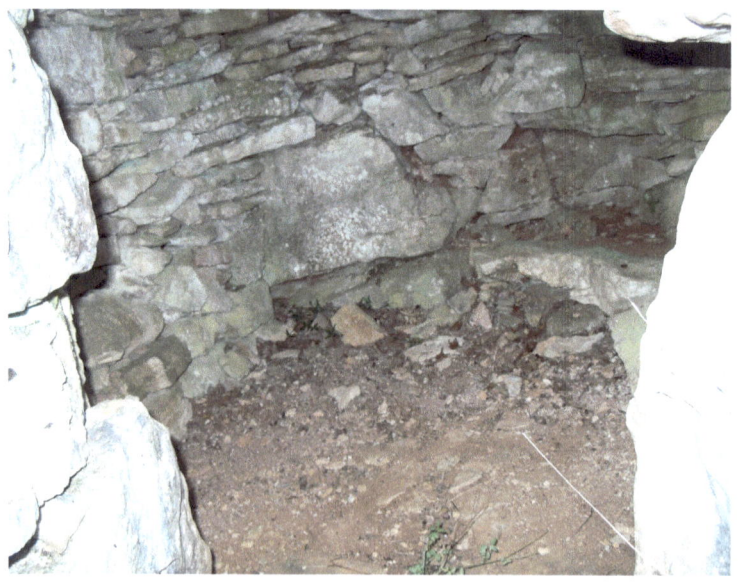

Un toit toujours bien en place :

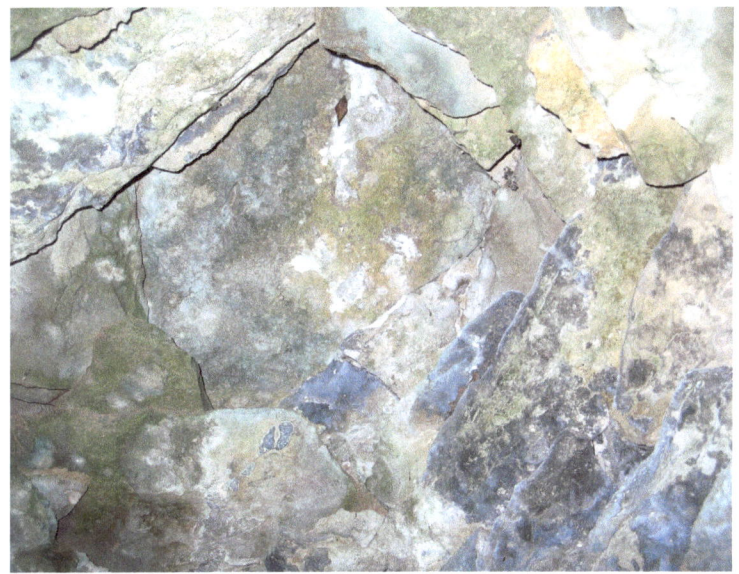

Le Dolmen d'Agranel

Place au versant droit, aux dolmens. D'abord à 1,3 kilomètre après l'entrée sur la D143. Un grillage à moutons aussi de ce côté, à franchir pour gravir la butte. Après une centaine de mètres, vous pouvez vous interroger sur la nature d'un trou, dont l'accès est simplement bloqué par des branches. Un puits ? L'entrée d'une grotte ?

Il semblerait, d'après un commentaire après achat de la première édition, qu'il existe un autre accès, ne nécessitant pas d'enjamber le grillage. Puisse-t-il être un jour indiqué…

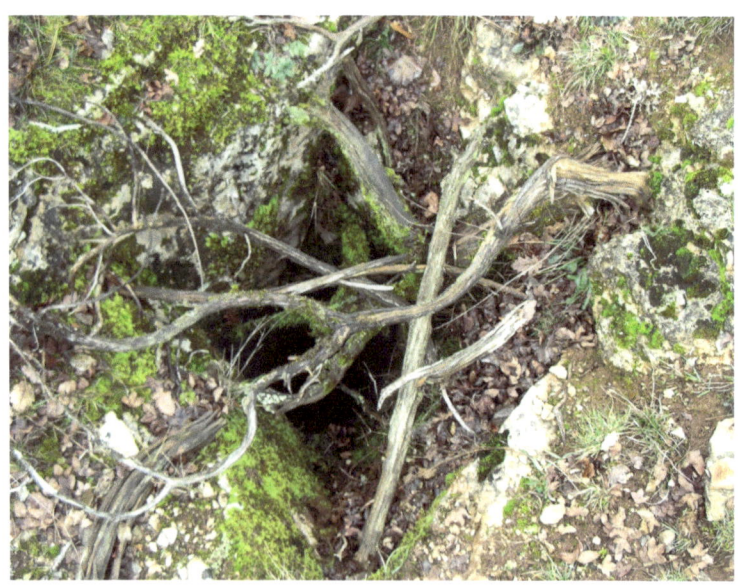

Marcher encore une centaine de mètres... et il est là, majestueux, au sommet...

Dolmen dit d'Agarnel au lieu-dit Bosgarnel.
Aux Monuments Historiques depuis le 3 mars 1959. Dolmen néolithique, propriété d'une personne privée.
Site archéologique 46 173 1 AP.

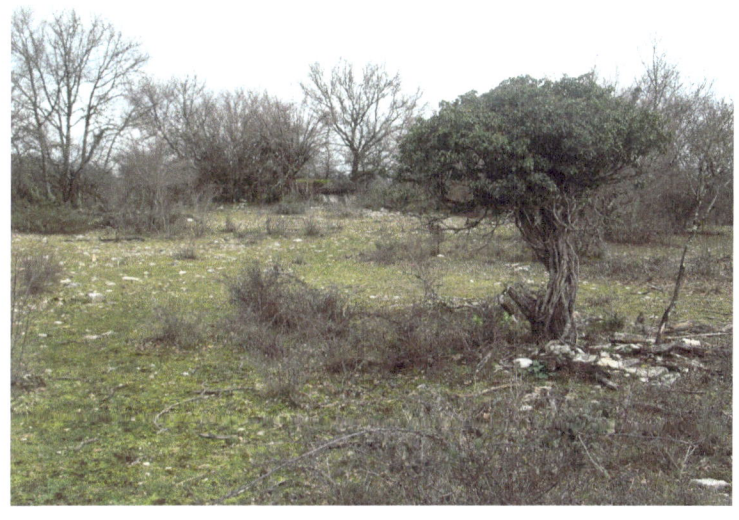

À quelques mètres du dolmen, des cavités couvertes de plaques...

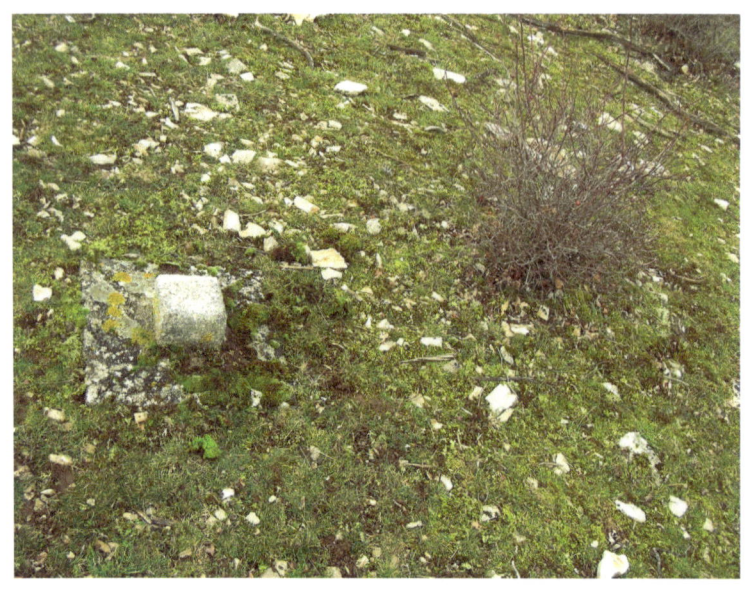

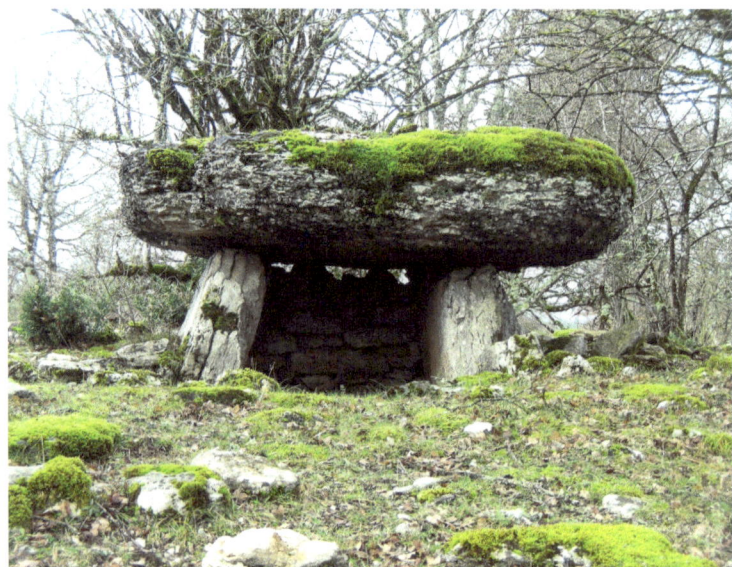

De face comme de profil, il mérite vraiment notre effort !

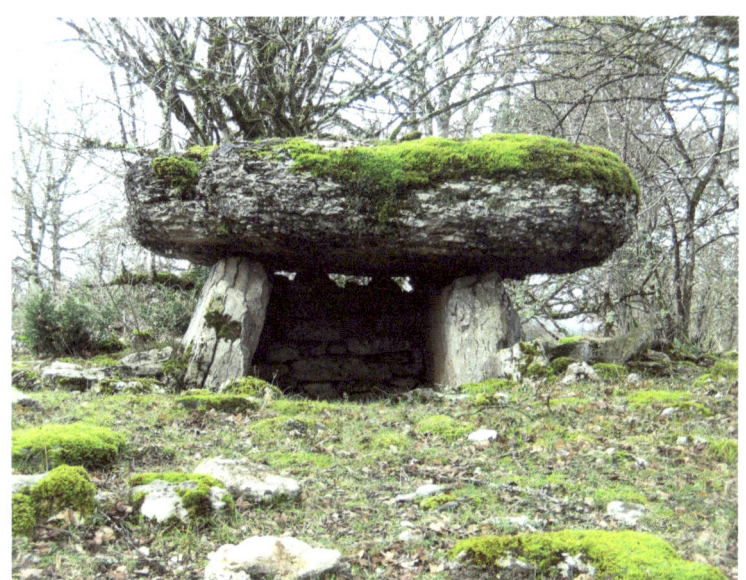

Sur la table, une cuvette, un bassin d'environ 40 centimètres de diamètre, d'une dizaine de profondeur. Naturelle ? Voulue ?

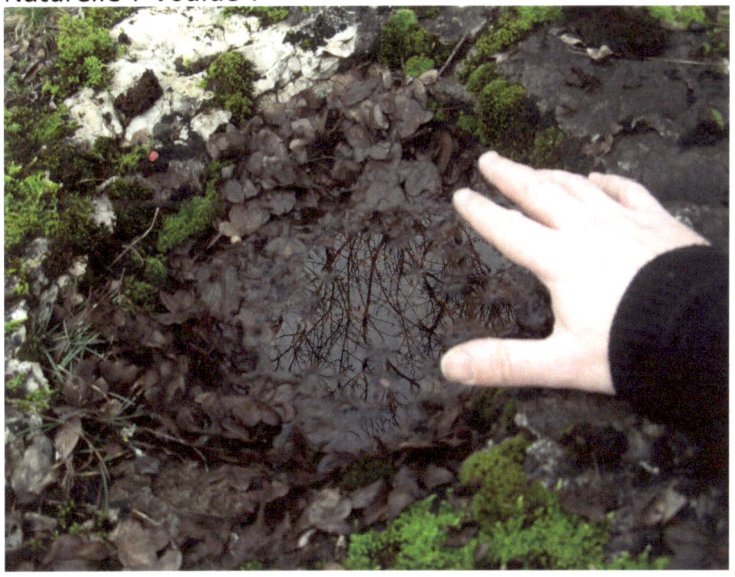

La table, majestueuse, s'effrite, certes légèrement, sur les bords. Ce dolmen souffrirait si un tourisme de masse s'y intéressait.

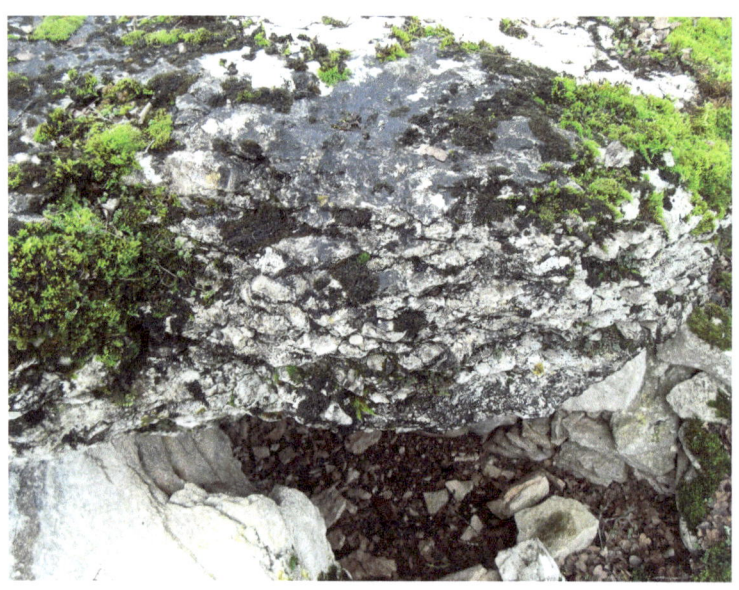

Aucune gariotte à proximité de ce dolmen, un terrain où les pierres abondent, qui ne fut donc pas épierré durant la grande conquête de nouvelles terres pour y planter principalement des vignes. Conséquence de la présence du dolmen ?

Le dolmen de la Pierre-Levée

Reprendre la route... et s'arrêter une centaine de mètres avant le *Mas du duc*. Prendre dans les bois, côté droit, en suivant le grillage le plus longtemps possible... et dans une parcelle entourée de murets en pierres, où survivent des pieds de lavande : le dolmen de la Pierre-Levée, dont le support droit (orthostat) est brisé, ce qui ne met pas en danger l'assise de la table. Quant aux arbres, il serait préférable de les supprimer pour éviter que leur croissance n'émiette la pierre...

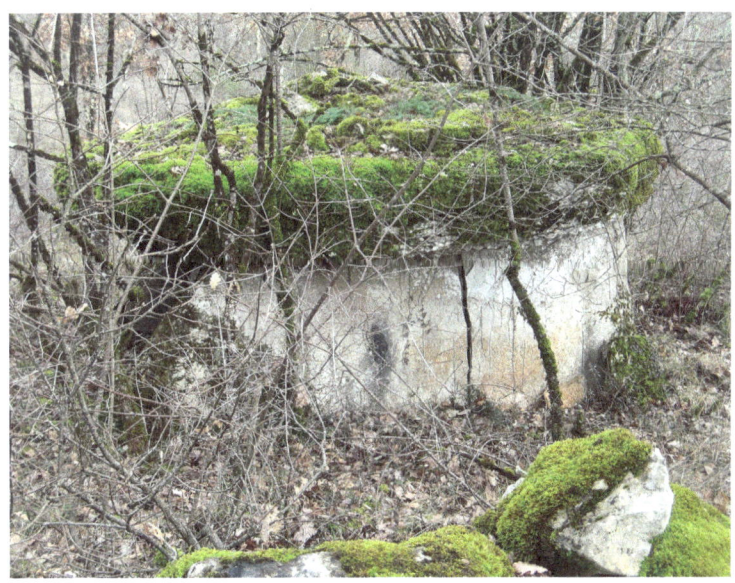

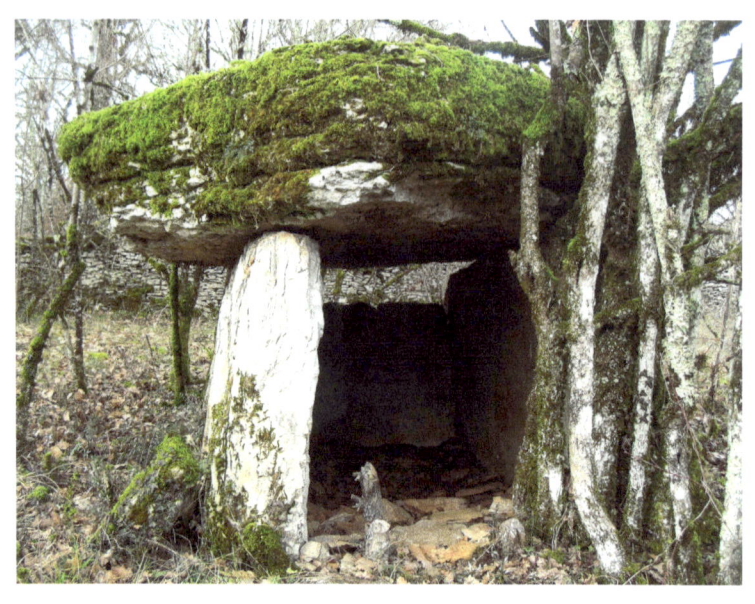

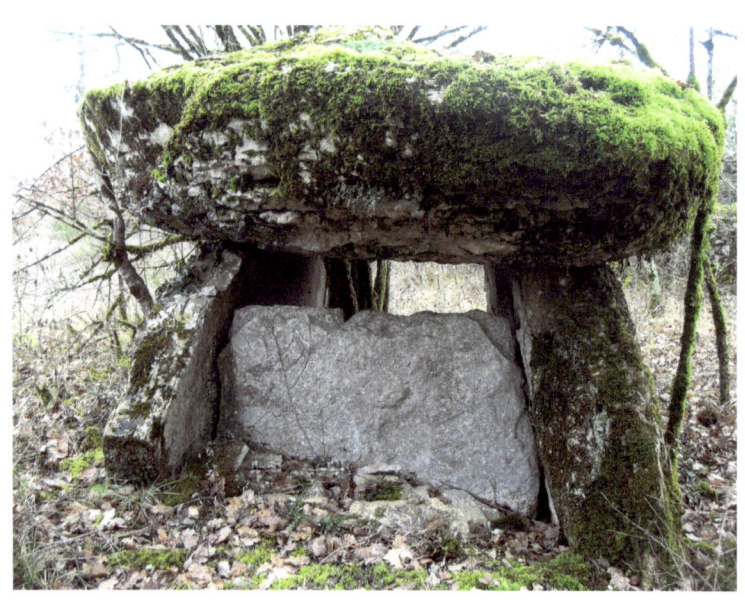

Le dolmen du Mas-del-Duc

Le dolmen du Mas-del-Duc se situe à moins de 200 mètres, au Nord-Ouest. Une boussole est parfois utile durant ces grandes ballades...
Le plus simple n'est pas de couper au Nord-Ouest mais de dessiner un carré en longeant durant une centaine de mètres le muret situé derrière le dolmen...

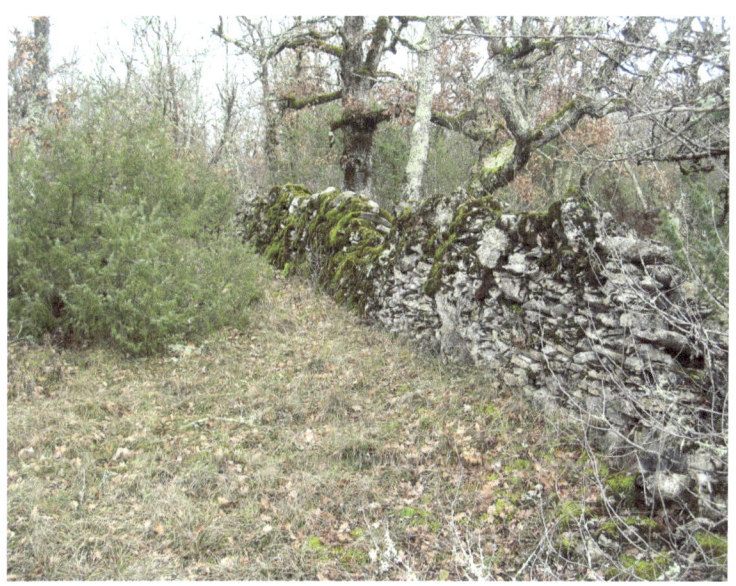

Puis, 90° sur la gauche...

Et c'est bien lui, sur une butte, recouvert de pierres et de mousses.

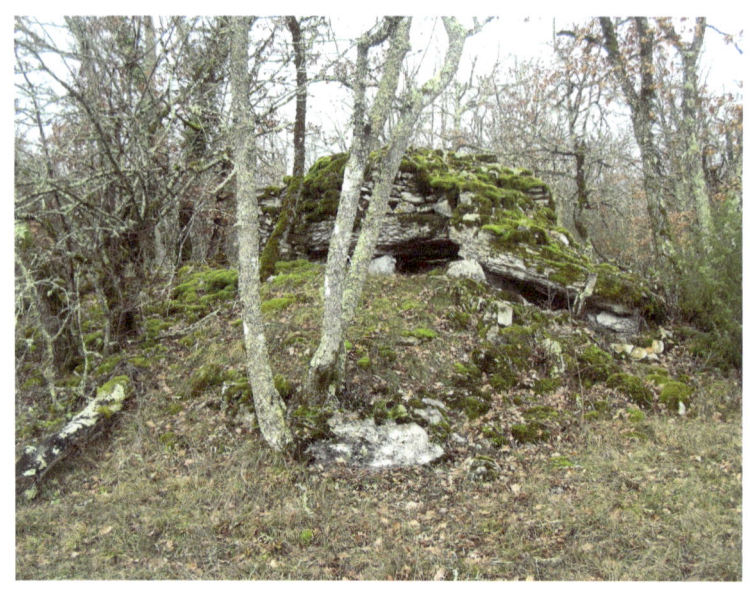

À quelle époque fut ainsi recouvert le dolmen ? Je l'ignore ! Mais ce n'est pas une réussite esthétique !

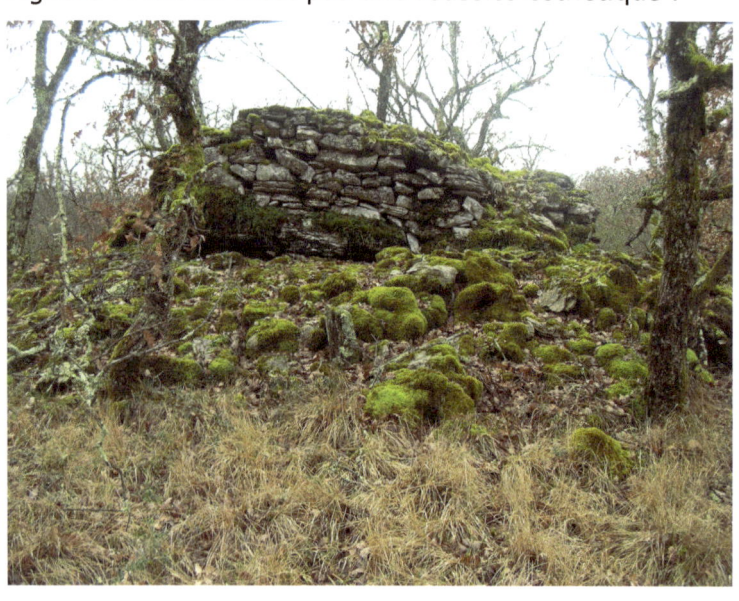

La table est brisé, ce qui rend l'accès à la chambre un peu plus difficile qu'habituellement...

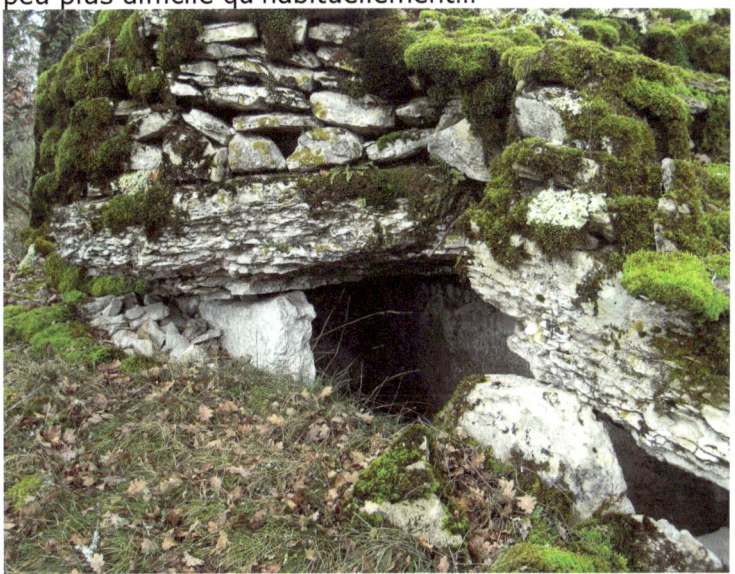

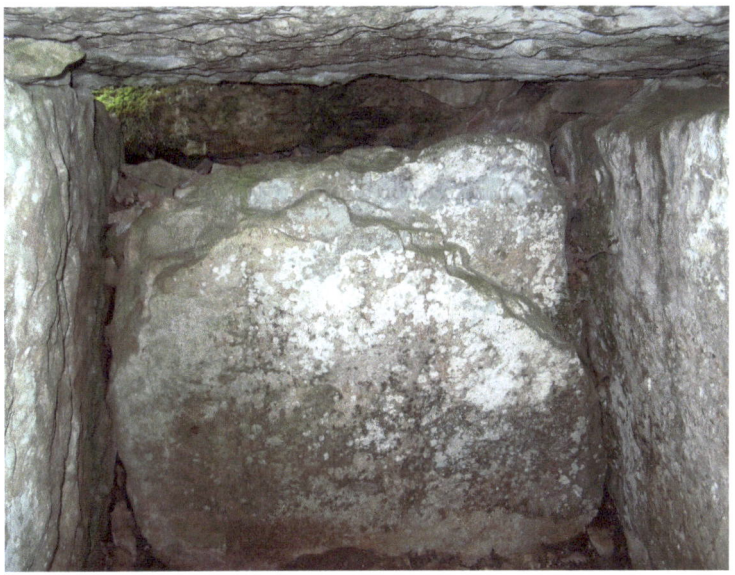

Après avoir immortalisé la très belle pierre de fond... Sur la route, en passant, une belle gariotte. Le long de cette D143 vous en trouverez d'autres, dans le bois du *Mas du duc* également.

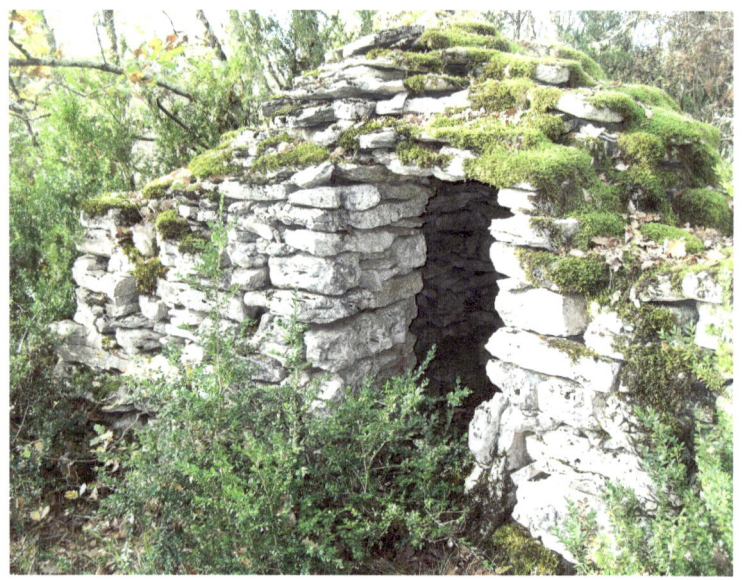

Le dolmen de Pech Grillé ou le dolmen du Commun

Un dolmen brisé... par un Géant... selon une légende locale. Mais non pas par Gérard Amigues. J'ai lu l'idée saugrenue qu'il serait peu coûteux donc approprié de remettre en place la table brisée sur ses deux longs supports. Quelle idée ! Restaurer !
Il est magnifique, ce dolmen, en bord de route, à environ 900 mètres du *Mas du Duc*.

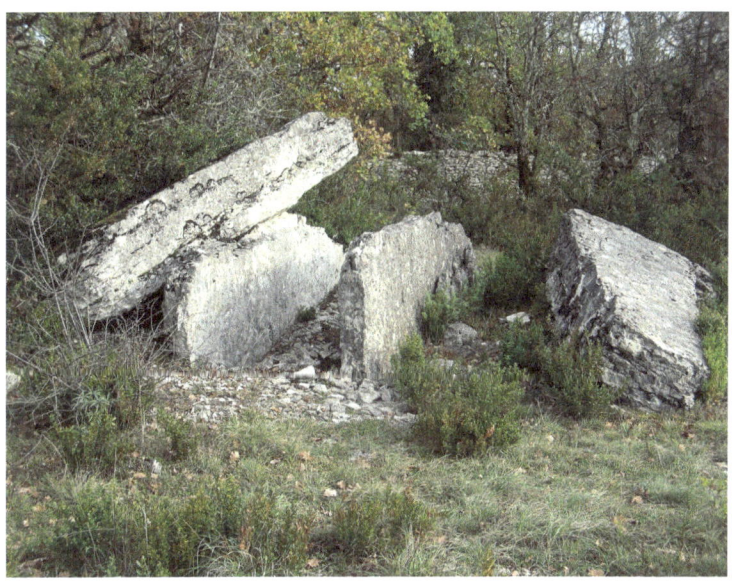

Deux supports d'environ quatre mètres. Je l'ai utilisé pour la couverture du livre *le roman du show-biz et de la sagesse*, ainsi sous-titré *même les dolmens se brisent*.

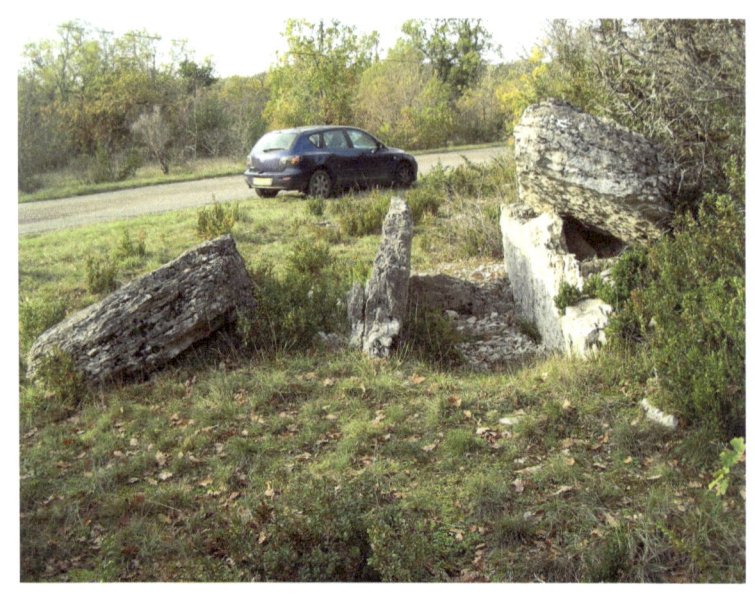

Avant le dernier dolmen, que diriez-vous de vous arrêter à une cabane sur la gauche ?

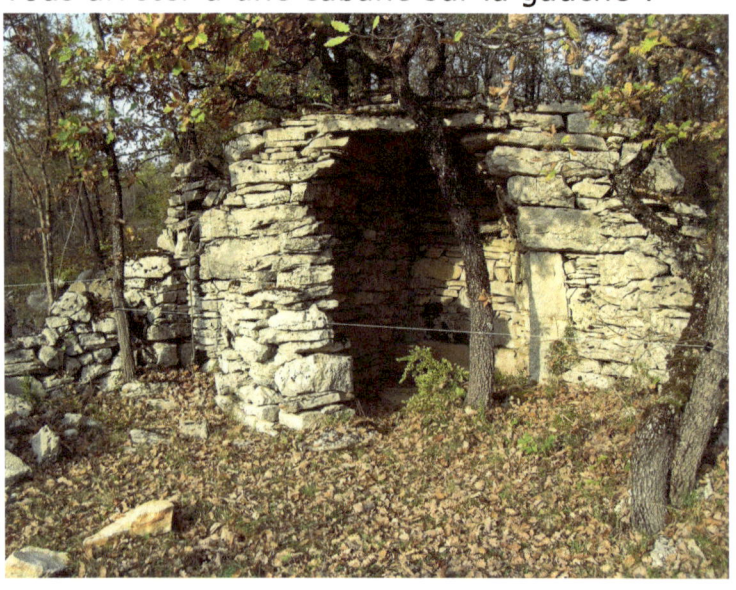

Derrière cette cabane, d'étranges pierres. Sont-elles issues d'un dolmen ?

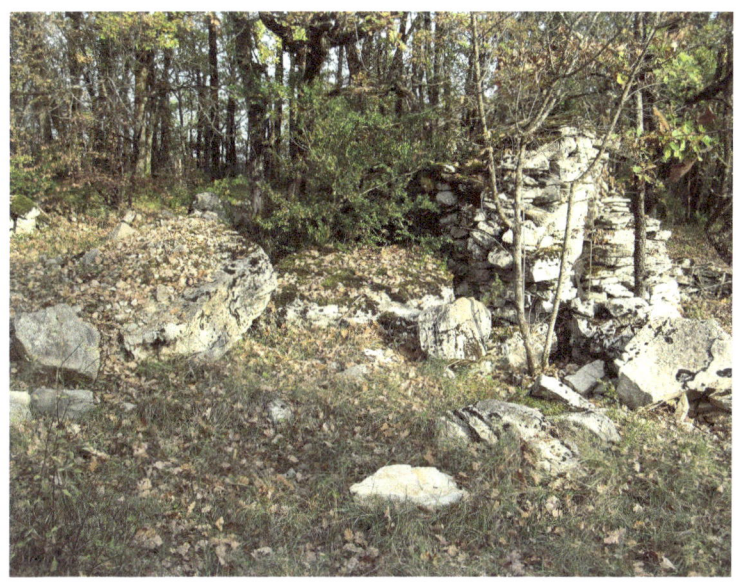

La présence d'autres dolmens le long de cette route me semble probable. Il suffit d'observer que les cinq dessinent une ligne quasi droite dont la D143 est la quasi parallèle.
Durant des siècles des dolmens furent détruits, certains accusés d'apporter le malheur aux populations, certains sûrement pour réutiliser les pierres. Dans ces collines où l'homme a peu construit, la découverte de dolmens recouverts par la terre et la végétation reste possible... Les recherches pourraient se porter entre *Agarnel* et *la Pierre levée*... Avis aux propriétaires... ou aux locaux qui leur en demanderont l'autorisation.

Le dolmen de Peyre Gagès

Reprendre la route. Après les habitations du lieu-dit *Peyregagés*, sur la droite, notre cinquième dolmen.

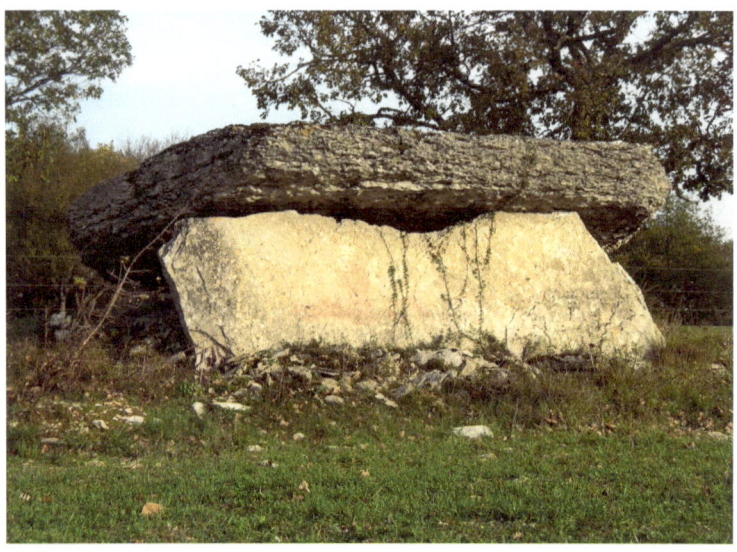

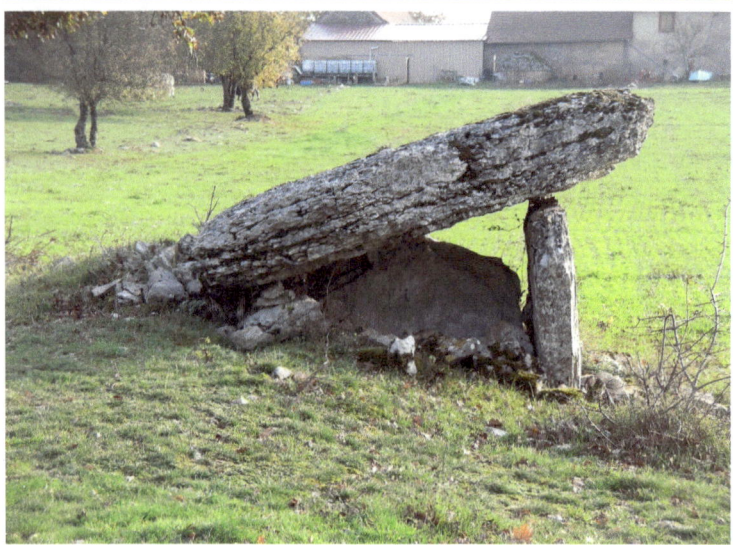

Continuer jusqu'à Calvignac

Nous avançons sur la rive gauche du Lot…

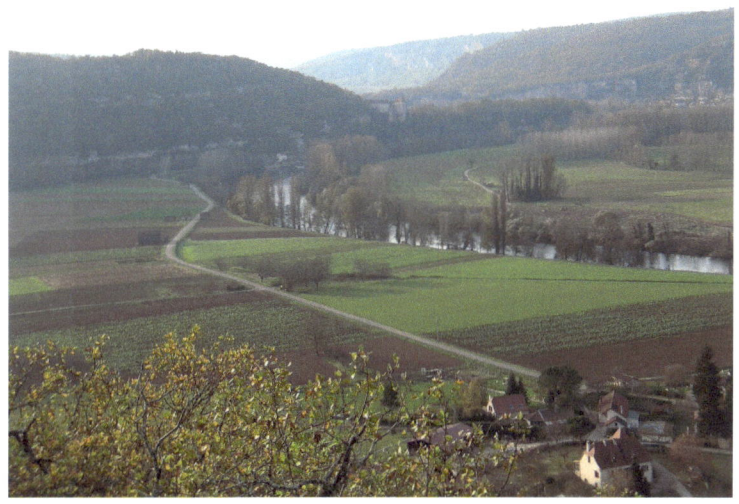

Et nous arriverons à Calvignac, village bâti sur une haute falaise, dont les pierres témoignent d'une histoire mouvementée, guerres contre les anglais, guerres de religions, avec destruction du château dont subsistent des vestiges.
Mais dès l'entrée, c'est un pigeonnier qui retient l'attention, puis un autre, rond cette fois, dans la vallée, à côté du corps de ferme.

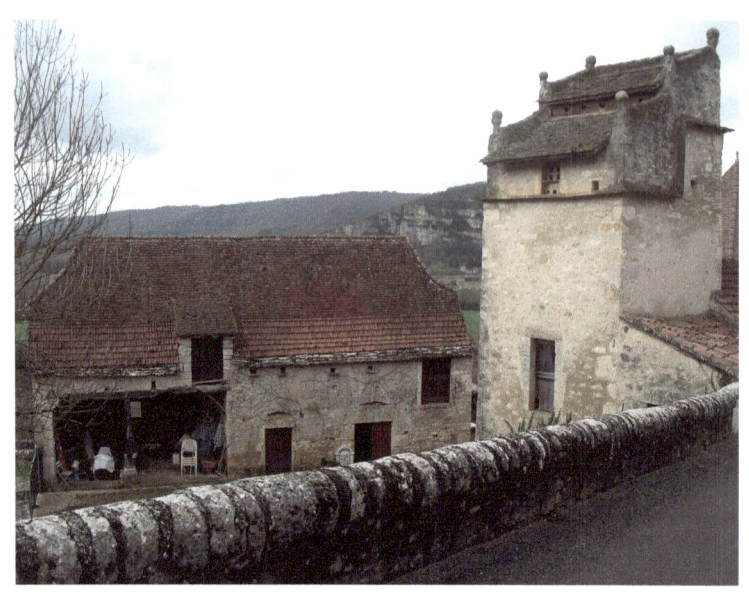

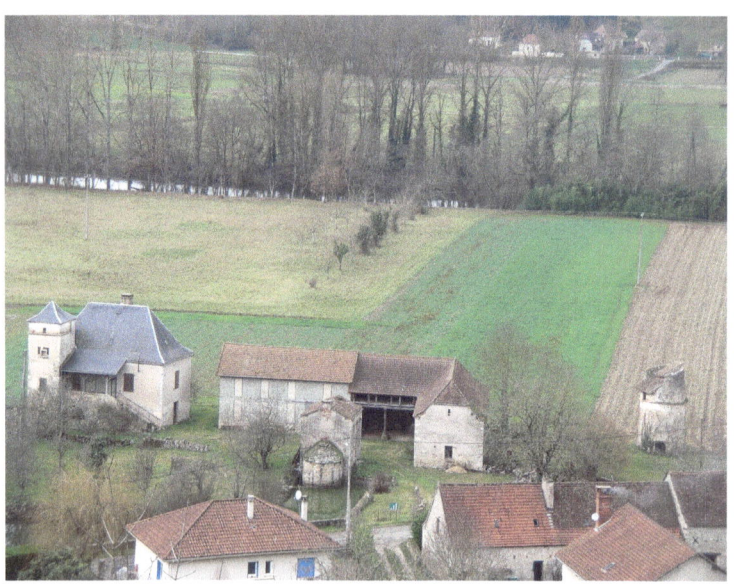

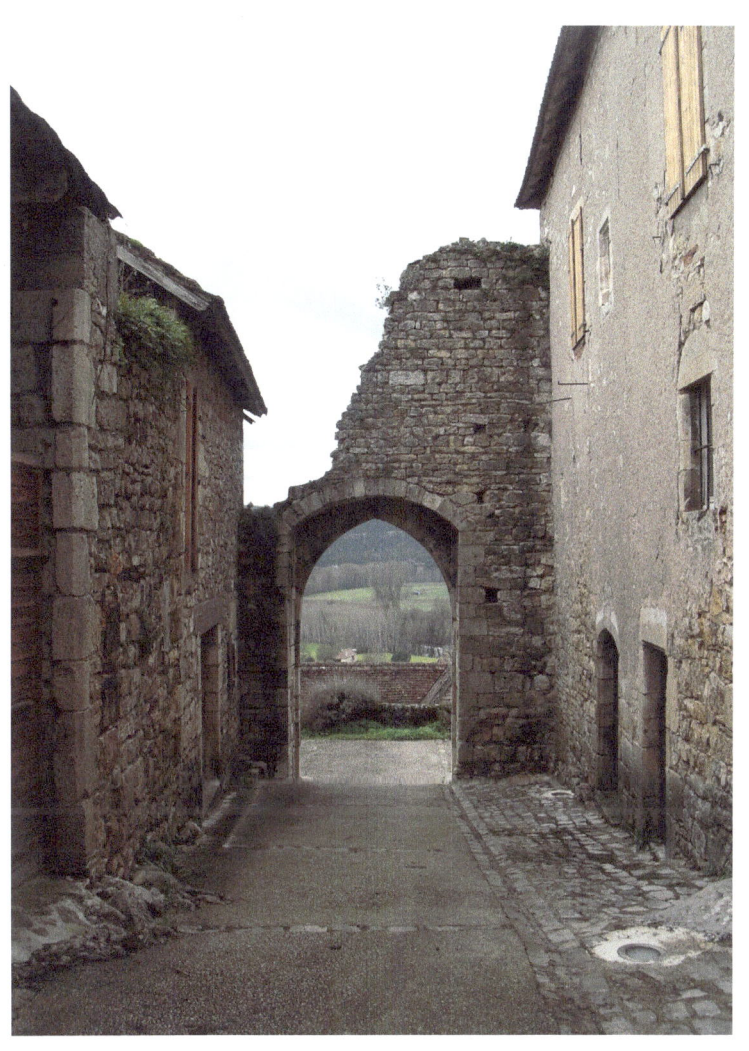

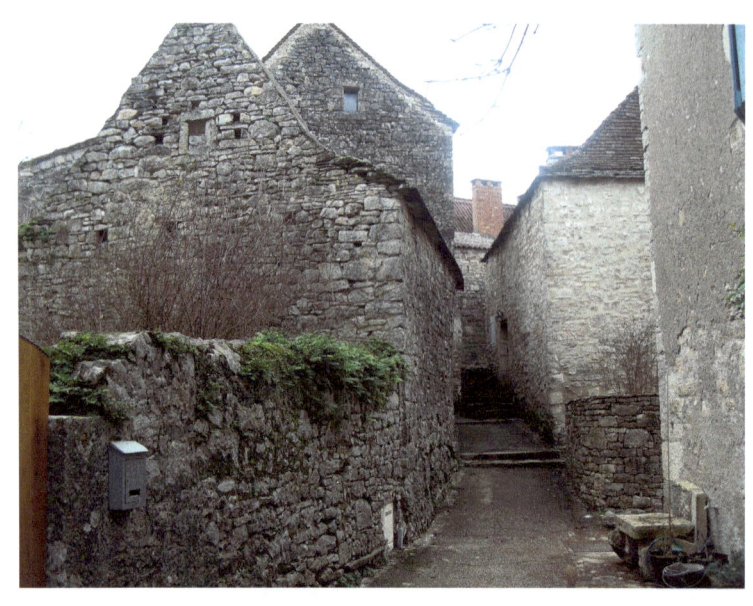

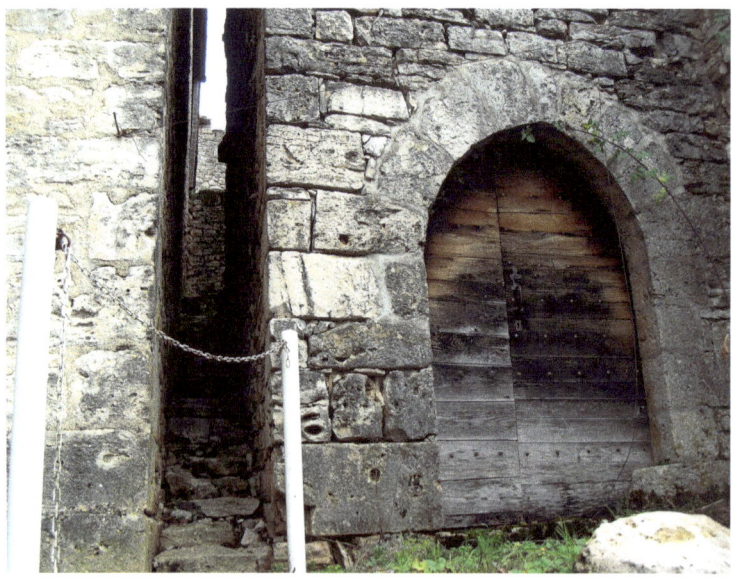

Le lavoir de Calvignac

En repartant vers S^ت-jean-de-Laur, juste au niveau du pont menant à Cajarc, ne ratez pas le lavoir…

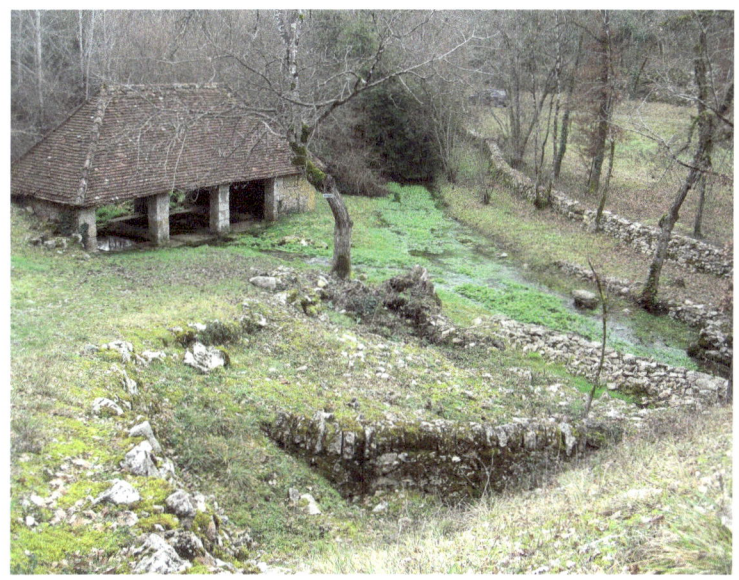

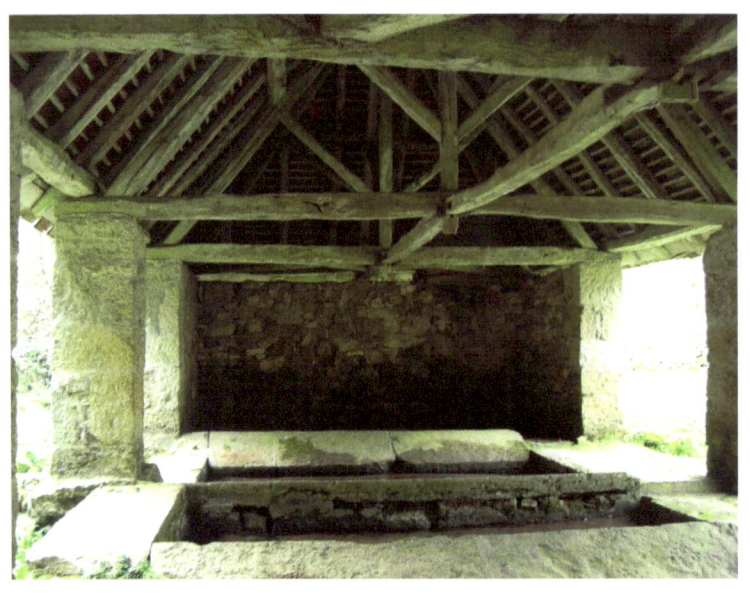

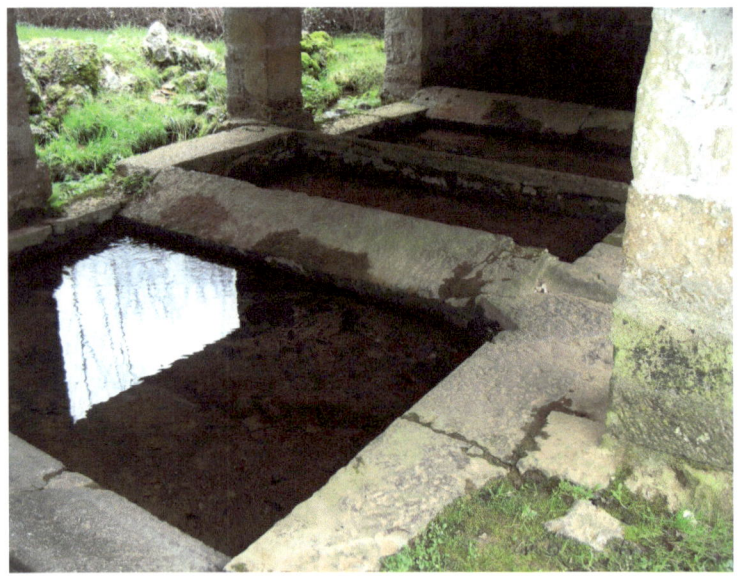

Si vous souhaitez en savoir plus sur Calvignac, le village figure dans les monographies du chanoine Edmond Albe (1861-1926), recherches consacrées à dessein de publier un "*Dictionnaire des paroisses du diocèse de Cahors*" inachevé à sa mort.

Il a ainsi laissé de précieux documents de villages de la région du Célé lotois, disponibles en accès gratuit sur Internet.

Stéphane Ternoise

Stéphane Ternoise

À 25 ans, Stéphane Ternoise a quitté le confortable statut de cadre en informatique (qui plus est dans le douillet secteur des assurances), pour se confronter à son époque, essayer de vivre de sa plume en toute indépendance. Il redoutait de finir pantin d'un grand groupe où même les maisons historiques peuvent se retrouver avec Jean-Marie Messier ou Arnaud Lagardère comme grand patron.
Stéphane Ternoise est auteur-éditeur depuis 1991, devenu spécialiste de l'auto-édition professionnelle en France. Il créa « logiquement » http://www.auto-edition.com en l'an 2000, une activité alors quasi absente du web !
Son éclairage sur l'univers de l'édition française a rapidement suscité quelques difficultés, dont une assignation au Tribunal de Grande Instance de Paris, en juin 2007, par une société pratiquant le compte d'auteur, finalement déboutée en septembre 2009.

Dans un relatif anonymat, l'auteur lotois a réussi à publier 14 livres en papier, à continuer en vivant de peu. Depuis 2004, ses livres sont également en vente en version numérique. Il s'agissait d'abord de simples PDF. L'auteur-éditeur a consacré l'année 2011 à la réalisation de son catalogue numérique, publiant ainsi ses pièces de théâtre, sketchs et textes de chansons en plus des romans, essais et recueils adaptés aux formats epub et Mobipocket Kindle…

La multiplication des questions et l'information approximative balancée sur de nombreux blogs par de néo-spécialistes de l'auto-édition autopublication, l'ont décidé à écrire sur cette révolution de l'ebook. Le guide l'auto-édition numérique est ainsi devenu son web bestseller !

Né en 1968, il publie depuis 1991, d'abord sous son nom de naissance puis sous divers pseudonymes, éditeur indépendant depuis son premier livre.

Son catalogue numérique (depuis mi 2011 distribué par *Immateriel*) a rapidement dépassé celui du papier, grâce à des essais, des livres de photos… tout en continuant la lente écriture dans les domaines du théâtre et du roman. Depuis octobre 2013, et son « identifiant fiscal aux États-Unis », son catalogue papier tend à rattraper celui en pixels.

Il convient donc de nouveau d'aborder l'auteur sous le biais de l'œuvre. Ainsi, pour vous y retrouver, http://www.ecrivain.pro essaye de fournir une vue globale. Et chaque domaine bénéficie de sites au nom approprié :

http://www.romancier.org
http://www.parolier.org
http://www.essayiste.net
http://www.dramaturge.fr
http://www.lotois.fr

Vous pouvez légitimement vous demander pourquoi un auteur avec un tel catalogue ne bénéficie d'aucune visibilité dans les médias traditionnels. L'écriture est une chose, se faire des amis utiles une autre !

Catalogue

Romans : (http://www.romancier.org)
Le Roman de la révolution numérique également sous le titre *Un Amour béton*
Ils ne sont pas intervenus (le livre des conséquences) également sous le titre *Peut-être un roman autobiographique*
La Faute à Souchon ? également sous le titre *Le roman du show-biz et de la sagesse (Même les dolmens se brisent)*
Liberté, j'ignorais tant de Toi également sous le titre *Libertés d'avant l'an 2000*
Viré, viré, viré, même viré du Rmi
Quand les familles sans toit sont entrées dans les maisons fermées
Edition (http://www.auto-edition.com)
Le guide de l'auto-édition, papier et numérique
Le manifeste de l'auto-édition - Manifeste politico-littéraire pour la reconnaissance des écrivains indépendants et une saine concurrence entre les différentes formes d'édition

Écrivains, réveillez-vous ! - La loi 2012-287 du 1er mars 2012 et autres somnifères
Le livre numérique, fils de l'auto-édition
Réponses à monsieur Frédéric Beigbeder au sujet du Livre Numérique (Écrivains= moutons tondus ?)
Comment devenir écrivain ? Être écrivain ? (Écrire est-ce un vrai métier ? Une vocation ? Quelle formation ?...)
Copie privée, droit de prêt en bibliothèque : vous payez, nous ne touchons pas un centime - Quand la France organise la marginalisation des écrivains indépendants
Alertez Jack-Alain Léger !

Théâtre : (http://www.dramaturge.fr)
La baguette magique et les philosophes
Neuf femmes et la star
Avant les élections présidentielles
Les secrets de maître Pierre, notaire de campagne
Deux sœurs et un contrôle fiscal
Ça magouille aux assurances
Pourquoi est-il venu ?
Amour, sud et chansons
Blaise Pascal serait webmaster
Aventures d'écrivains régionaux
Trois femmes et un amour
Chanteur, écrivain : même cirque
« Révélations » sur « les apparitions d'Astaffort » Brel / Cabrel (les secrets de la grotte Mariette)
J'avais 25 ans

Pour troupes d'enfants :
Les filles en profitent
Révélations sur la disparition du père Noël
Le lion l'autruche et le renard
Mertilou prépare l'été
Nous n'irons plus au restaurant

Recueils :
Théâtre peut-être complet
La fille aux 200 doudous et autres pièces de théâtre pour enfants
Théâtre pour femmes

Chansons : (http://www.parolier.info)
Chansons trop éloignées des normes industrielles
Chansons vertes et autres textes engagés
Parodies de chansons - De Renaud à Cabrel En passant par Cloclo et Jacques Brel
Chansons d'avant l'an 2000
Vivre Autrement (après les ruines), l'album invisible...

Photos : (http://www.france.wf)
Cahors, 42 inscriptions aux Monuments Historiques
La disparition d'un canton : Montcuq
Montcuq, le village lotois
Cahors, des pierres et des hommes. Photos et commentaires
Limogne-en-Quercy Calvignac la route des dolmens et gariottes
Saint-Cirq-Lapopie, le plus beau village de France ?
Saillac village du Lot
Limogne-en-Quercy cinq monuments historiques cinq dolmens
Beauregard, Dolmens Gariottes Château de Marsa et autres merveilles lotoises
Villeneuve-sur-Lot, des monuments historiques, un salon du livre... -Photos, histoires et opinions
Henri Martin du musée Henri-Martin de Cahors - Avec visite de Labastide-du-Vert et Saint-Cirq-Lapopie sur les traces du peintre
L'église romane de Rouillac à Montcuq et sa voisine oubliée, à découvrir - Les fresques de Rouillac, Touffailles et Saint-Félix
Cajarc selon Ternoise

Livres d'artiste (http://www.quercy.pro)
Quercy : l'harmonie du hasard
Lot, livre d'art
Montcuq, livre d'art
Quercy Blanc, livre d'art
Montaigu de Quercy, livre d'art
Quercy : l'harmonie du hasard
La beauté des éoliennes
Golfech, c'est beau un village prospère à l'ombre d'une centrale nucléaire
Jésus, du Quercy

Essais (http://www.essayiste.net)
Ya basta Aurélie Filippetti !
Amour - état du sentiment et perspectives
Contrairement à Gérard Depardieu, dois-je quitter la France ?
Cahors, municipales 2014 : un enjeu départemental majeur
Quand Martin Malvy publie un livre : questions de déontologie

Politique : (http://www.commentaire.info)
Ce François Hollande qui peut encore gagner le 6 mai 2012 ne le mérite pas
Nicolas Sarkozy : sketchs et Parodies de chansons
Bernadette et Jacques Chirac vus du Lot - Chansons théâtre textes lotois
Affaire Ségolène Royal - Olivier Falorni Ce qu'il faut en retenir pour l'Histoire - Un écrivain engagé, un observateur indépendant
François Fillon, persuadé qu'il aurait battu François Hollande en 2012, qu'il le battra en 2017

Notre vie (http://www.morts.info)
La trahison des morts : les concessions à perpétuité discrètement récupérées - Cahors, à l'ombre des remparts médiévaux, les vieux morts doivent laisser la place aux jeunes...
Cahors : Adèle et Marie Borie contre Jean-Marc Vayssouze-Faure - Appel à une mobilisation locale et nationale pour sauver les soeurs Borie...

Jeux de société
http://www.lejeudespistescyclables.com
La France des pistes cyclables - Fabriquer un jeu de société pour enfants de 8 à 108 ans
Le bon chemin pour Saint-Jacques-de-Compostelle

Divers :
La disparition du père Noël et autres contes
J'écris aussi des sketchs
Vive les poules municipales... et les poulets municipaux - Réduire le volume des déchets alimentaires et manger des oeufs de qualité
Le Martyr et Saint du 11 septembre : Jean-Gabriel Perboyre

En chti : (http://www.chti.es)
Canchons et cafougnettes (Ternoise chti)
Elle tiote aux deux chints doudous (théâtre)

Œuvres traduites (http://www.traducteurs.net)

La fille aux 200 doudous :
- *The Teddy (Bear) Whisperer* (Kate-Marie Glover)
- Das Mädchen mit den 200 Schmusetieren (Jeanne Meurtin)

- Le lion l'autruche et le renard :
- How the fox got his cunning (Kate-Marie Glover)

- Mertilou prépare l'été :
- The Blackbird's Secret (Kate-Marie Glover)

- *La fille aux 200 doudous et autres pièces de théâtre pour enfants (les 6 pièces)*
- La niña de los 200 peluches y otras obras de teatro para niños (María del Carmen Pulido Cortijo)

Chansons - Cds :
(http://www.chansons.org)
Vivre Autrement (après les ruines)
Savoirs
CD Sarkozy selon Ternoise (parodies de chansons, 2006)

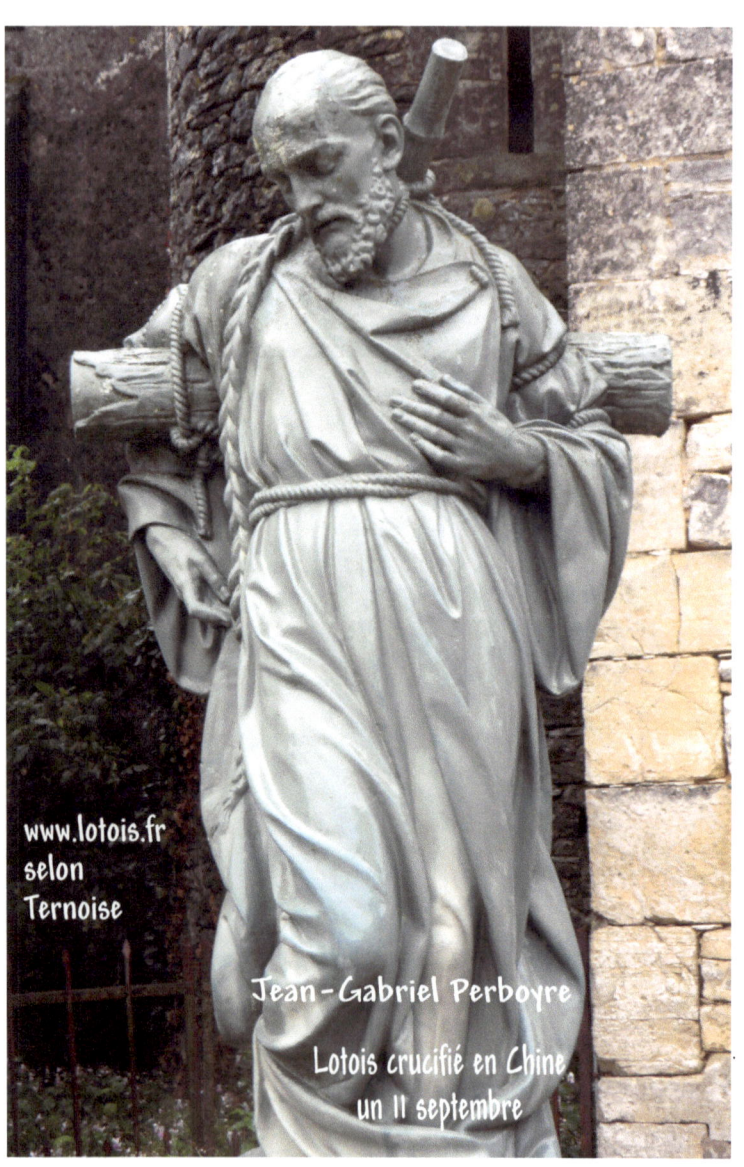

Table

7   Edito

9   La route

10 La première gariotte... est double...

16 Le Dolmen d'Agranel

21 Le dolmen de la Pierre-Levée

23 Le dolmen du Mas-del-Duc

27 Le dolmen de Pech Grillé ou le dolmen du Commun

30 Le dolmen de Peyre Gagès

31 Continuer jusqu'à Calvignac

35 Le lavoir de Calvignac

38 Stéphane Ternoise
    Lotois depuis 1995

Mentions légales

Tous droits de traduction, de reproduction, d'utilisation, d'interprétation et d'adaptation réservés pour tous pays, pour toutes planètes, pour tous univers.

Tout écrivain sait qu'il doit aussi aider les internautes à le découvrir !
http://www.ecrivain.pro

Dépôt légal à la publication au format ebook du 12 février 2012.

Imprimé par CreateSpace, An Amazon.com Company pour le compte de l'auteur-éditeur indépendant.
livrepapier.com

ISBN 978-2-36541-562-0
EAN 9782365415620
Limogne-en-Quercy Calvignac la route des dolmens et gariottes de Stéphane Ternoise
© Jean-Luc PETIT - BP 17 - 46800 Montcuq -France

www.ingramcontent.com/pod-product-compliance
Lightning Source LLC
Chambersburg PA
CBHW040245220526
45473CB00001B/377